# bon voyage

**Das einzigartige Reisetagebuch für Kreuzfahrten zum Selbsteintragen!**

**Die Hafenprinzessin**

Dieses Buch gehört:

___

Meine Kreuzfahrt:

___
___

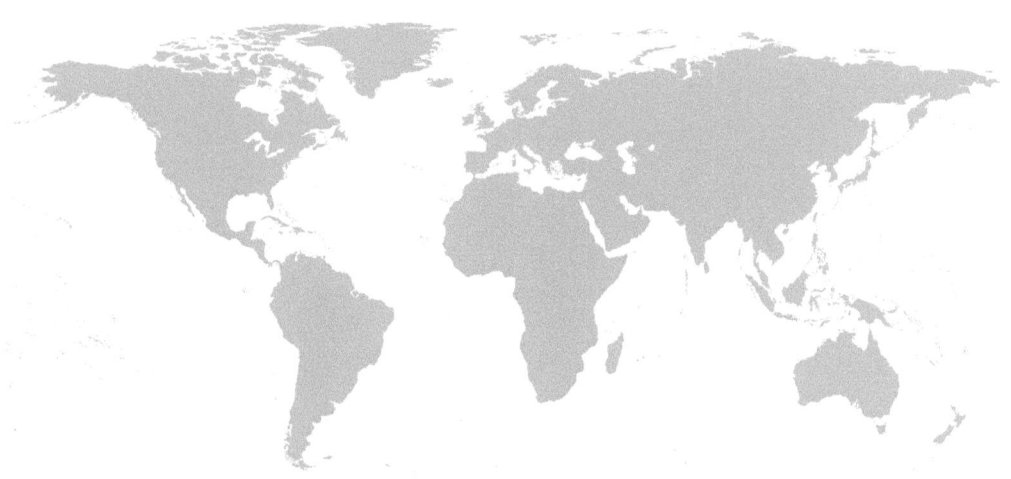

# Impressum

© 2019 youneo projects flick und weber GbR

Alle Rechte vorbehalten. Die Benutzung dieses Buchs und der darin enthaltenen Informationen erfolgt ausdrücklich auf eigenes Risiko. Haftungsansprüche gegen den Verlag und den Autor für Schäden materieller oder ideeller Art, die durch die Nutzung oder Nichtnutzung der Informationen bzw. durch die Nutzung fehlerhafter und/oder unvollständiger Informationen verursacht wurden, sind grundsätzlich ausgeschlossen. Das Werk inklusive aller Inhalte wurde unter größter Sorgfalt erarbeitet. Der Verlag und der Autor übernehmen jedoch keine Gewähr für die Aktualität, Korrektheit, Vollständigkeit und Qualität der bereitgestellten Informationen, ebenso für etwaige Druckfehler.

**Verantwortlich**

Christian Flick / Mathias Weber
youneo projects flick und weber GbR, Poststraße 1, 49326 Melle
info@youneoprojects.de, www.youneoprojects.de

**Herstellung und Verlag**

BoD - Books on Demand, Norderstedt

**Bildquellen**

© Paul Lesser/shutterstock (Cover), ddok/shutterstock, Noch/shutterstock, Raevsky Lab/shutterstock

Hafenprinzessin® ist eine eingetragene Marke der youneo projects flick und weber GbR.

ISBN: 9783734787843

# Mein Reisetag

○ 😍  ○ 🙂  ○ 😐  ○ ☹️

Reisetag Nr.

Datum

Heutiges Wetter  ○ ☀  ○ ⛅  ○ ☁  ○ 🌧  ○ ⚡  ○ ❄

Besonderheiten des Tages in ein paar Worten

Ein paar Worte zum Kulinarischen (Essen/Trinken/Besonderheiten)

○ Seetag   ○ Landtag   ○ an Bord geblieben trotz Landtag

Besonderheiten zum Programm des Tages (Ausflug/Sport/Theaterbesuch/Kunst/Spa)

Bewertung des Tages nach klassischen Schulnoten   ○ 1  ○ 2  ○ 3  ○ 4  ○ 5  ○ 6

Einklebefläche für Tickets, Postkarten, Quittungen, Fotos uvm.

# Mein Reisetag

○ 😍   ○ 🙂   ○ 😐   ○ ☹️

Reisetag Nr. _____

Datum _____

Heutiges Wetter   ○ ☀️   ○ ⛅   ○ ☁️   ○ 🌧️   ○ ⚡   ○ ❄️

Besonderheiten des Tages in ein paar Worten

_____
_____

Ein paar Worte zum Kulinarischen (Essen/Trinken/Besonderheiten)

_____
_____

○ Seetag     ○ Landtag     ○ an Bord geblieben trotz Landtag

Besonderheiten zum Programm des Tages (Ausflug/Sport/Theaterbesuch/Kunst/Spa)

_____
_____

Bewertung des Tages nach klassischen Schulnoten   ○ 1   ○ 2   ○ 3   ○ 4   ○ 5   ○ 6

Einklebefläche für Tickets, Postkarten, Quittungen, Fotos uvm.

# Mein Reisetag

○ 😍  ○ 🙂  ○ 😐  ○ ☹️

Reisetag Nr.  ........................................

Datum  ........................................

Heutiges Wetter   ○ ☀️   ○ ⛅   ○ ☁️   ○ 🌧️   ○ ⚡   ○ ❄️

Besonderheiten des Tages in ein paar Worten

........................................

........................................

Ein paar Worte zum Kulinarischen (Essen/Trinken/Besonderheiten)

........................................

........................................

○ Seetag     ○ Landtag     ○ an Bord geblieben trotz Landtag

Besonderheiten zum Programm des Tages (Ausflug/Sport/Theaterbesuch/Kunst/Spa)

........................................

........................................

Bewertung des Tages nach klassischen Schulnoten   ○ 1  ○ 2  ○ 3  ○ 4  ○ 5  ○ 6

Einklebefläche für Tickets, Postkarten, Quittungen, Fotos uvm.

# Mein Reisetag

○ 😍　○ 🙂　○ 😐　○ ☹

Reisetag Nr. _____

Datum _____

Heutiges Wetter　○ ☀　○ ⛅　○ ☁　○ 🌧　○ ⚡　○ ❄

Besonderheiten des Tages in ein paar Worten

_____

_____

Ein paar Worte zum Kulinarischen (Essen/Trinken/Besonderheiten)

_____

_____

○ Seetag　　○ Landtag　　○ an Bord geblieben trotz Landtag

Besonderheiten zum Programm des Tages (Ausflug/Sport/Theaterbesuch/Kunst/Spa)

_____

_____

Bewertung des Tages nach klassischen Schulnoten　○ 1　○ 2　○ 3　○ 4　○ 5　○ 6

Einklebefläche für Tickets, Postkarten, Quittungen, Fotos uvm.

# Mein Reisetag

○ 😍  ○ 🙂  ○ 😐  ○ ☹️

Reisetag Nr.

Datum

Heutiges Wetter   ○ ☀️   ○ ⛅   ○ ☁️   ○ 🌧️   ○ ⚡   ○ ❄️

Besonderheiten des Tages in ein paar Worten

Ein paar Worte zum Kulinarischen (Essen/Trinken/Besonderheiten)

○ Seetag   ○ Landtag   ○ an Bord geblieben trotz Landtag

Besonderheiten zum Programm des Tages (Ausflug/Sport/Theaterbesuch/Kunst/Spa)

Bewertung des Tages nach klassischen Schulnoten   ○ 1   ○ 2   ○ 3   ○ 4   ○ 5   ○ 6

Einklebefläche für Tickets, Postkarten, Quittungen, Fotos uvm.

# Mein Reisetag

○ 😍   ○ 🙂   ○ 😐   ○ ☹️

Reisetag Nr.

Datum

Heutiges Wetter   ○ ☀️   ○ ⛅   ○ ☁️   ○ 🌧️   ○ ⚡   ○ ❄️

Besonderheiten des Tages in ein paar Worten

_____

_____

Ein paar Worte zum Kulinarischen (Essen/Trinken/Besonderheiten)

_____

_____

○ Seetag     ○ Landtag     ○ an Bord geblieben trotz Landtag

Besonderheiten zum Programm des Tages (Ausflug/Sport/Theaterbesuch/Kunst/Spa)

_____

_____

Bewertung des Tages nach klassischen Schulnoten   ○ 1   ○ 2   ○ 3   ○ 4   ○ 5   ○ 6

Einklebefläche für Tickets, Postkarten, Quittungen, Fotos uvm.

# Mein Reisetag   ○ 😍   ○ 🙂   ○ 😐   ○ ☹️

Reisetag Nr.  _____

Datum  _____

Heutiges Wetter    ○ ☀️    ○ ⛅    ○ ☁️    ○ 🌧️    ○ ⚡    ○ ❄️

Besonderheiten des Tages in ein paar Worten

_____

_____

Ein paar Worte zum Kulinarischen (Essen/Trinken/Besonderheiten)

_____

_____

○ Seetag      ○ Landtag      ○ an Bord geblieben trotz Landtag

Besonderheiten zum Programm des Tages (Ausflug/Sport/Theaterbesuch/Kunst/Spa)

_____

_____

Bewertung des Tages nach klassischen Schulnoten    ○ 1   ○ 2   ○ 3   ○ 4   ○ 5   ○ 6

Einklebefläche für Tickets, Postkarten, Quittungen, Fotos uvm.

# Mein Reisetag

○ 😍   ○ 🙂   ○ 😐   ○ ☹️

Reisetag Nr.

Datum

Heutiges Wetter   ○ ☀️   ○ ⛅   ○ ☁️   ○ 🌧️   ○ ⚡   ○ ❄️

Besonderheiten des Tages in ein paar Worten

Ein paar Worte zum Kulinarischen (Essen/Trinken/Besonderheiten)

○ Seetag   ○ Landtag   ○ an Bord geblieben trotz Landtag

Besonderheiten zum Programm des Tages (Ausflug/Sport/Theaterbesuch/Kunst/Spa)

Bewertung des Tages nach klassischen Schulnoten   ○ 1   ○ 2   ○ 3   ○ 4   ○ 5   ○ 6

Einklebefläche für Tickets, Postkarten, Quittungen, Fotos uvm.

# Mein Reisetag   ○ 😍   ○ 🙂   ○ 😐   ○ ☹

Reisetag Nr.

Datum

Heutiges Wetter    ○ ☀   ○ ⛅   ○ ☁   ○ 🌧   ○ ⚡   ○ ❄

Besonderheiten des Tages in ein paar Worten

Ein paar Worte zum Kulinarischen (Essen/Trinken/Besonderheiten)

○ Seetag    ○ Landtag    ○ an Bord geblieben trotz Landtag

Besonderheiten zum Programm des Tages (Ausflug/Sport/Theaterbesuch/Kunst/Spa)

Bewertung des Tages nach klassischen Schulnoten    ○ 1   ○ 2   ○ 3   ○ 4   ○ 5   ○ 6

Einklebefläche für Tickets, Postkarten, Quittungen, Fotos uvm.

# Mein Reisetag  ○ 😍   ○ 🙂   ○ 😐   ○ ☹️

Reisetag Nr.

Datum

Heutiges Wetter   ○ ☀️   ○ ⛅   ○ ☁️   ○ 🌧️   ○ ⚡   ○ ❄️

Besonderheiten des Tages in ein paar Worten

Ein paar Worte zum Kulinarischen (Essen/Trinken/Besonderheiten)

○ Seetag   ○ Landtag   ○ an Bord geblieben trotz Landtag

Besonderheiten zum Programm des Tages (Ausflug/Sport/Theaterbesuch/Kunst/Spa)

Bewertung des Tages nach klassischen Schulnoten   ○ 1   ○ 2   ○ 3   ○ 4   ○ 5   ○ 6

Einklebefläche für Tickets, Postkarten, Quittungen, Fotos uvm.

# Mein Reisetag

○ 😍   ○ 🙂   ○ 😐   ○ ☹️

Reisetag Nr. _____

Datum _____

Heutiges Wetter   ○ ☀️   ○ ⛅   ○ ☁️   ○ 🌧️   ○ ⚡   ○ ❄️

Besonderheiten des Tages in ein paar Worten

_____

_____

Ein paar Worte zum Kulinarischen (Essen/Trinken/Besonderheiten)

_____

_____

○ Seetag   ○ Landtag   ○ an Bord geblieben trotz Landtag

Besonderheiten zum Programm des Tages (Ausflug/Sport/Theaterbesuch/Kunst/Spa)

_____

_____

Bewertung des Tages nach klassischen Schulnoten   ○ 1   ○ 2   ○ 3   ○ 4   ○ 5   ○ 6

Einklebefläche für Tickets, Postkarten, Quittungen, Fotos uvm.

## Mein Reisetag

○ 😍  ○ ☺  ○ 😐  ○ ☹

Reisetag Nr. _____

Datum _____

Heutiges Wetter   ○ ☀   ○ ⛅   ○ ☁   ○ 🌧   ○ ⚡   ○ ❄

Besonderheiten des Tages in ein paar Worten

_____

_____

Ein paar Worte zum Kulinarischen (Essen/Trinken/Besonderheiten)

_____

_____

○ Seetag      ○ Landtag      ○ an Bord geblieben trotz Landtag

Besonderheiten zum Programm des Tages (Ausflug/Sport/Theaterbesuch/Kunst/Spa)

_____

_____

Bewertung des Tages nach klassischen Schulnoten   ○ 1  ○ 2  ○ 3  ○ 4  ○ 5  ○ 6

Einklebefläche für Tickets, Postkarten, Quittungen, Fotos uvm.

# Mein Reisetag   ○ 😍   ○ 🙂   ○ 😐   ○ ☹️

Reisetag Nr.

Datum

Heutiges Wetter   ○ ☀️   ○ ⛅   ○ ☁️   ○ 🌧️   ○ ⚡   ○ ❄️

Besonderheiten des Tages in ein paar Worten

Ein paar Worte zum Kulinarischen (Essen/Trinken/Besonderheiten)

○ Seetag   ○ Landtag   ○ an Bord geblieben trotz Landtag

Besonderheiten zum Programm des Tages (Ausflug/Sport/Theaterbesuch/Kunst/Spa)

Bewertung des Tages nach klassischen Schulnoten   ○ 1   ○ 2   ○ 3   ○ 4   ○ 5   ○ 6

Einklebefläche für Tickets, Postkarten, Quittungen, Fotos uvm.

# Mein Reisetag

○ 😍  ○ 🙂  ○ 😐  ○ ☹️

Reisetag Nr. _____

Datum _____

Heutiges Wetter   ○ ☀️   ○ ⛅   ○ ☁️   ○ 🌧️   ○ ⚡   ○ ❄️

Besonderheiten des Tages in ein paar Worten

_____

_____

Ein paar Worte zum Kulinarischen (Essen/Trinken/Besonderheiten)

_____

_____

○ Seetag    ○ Landtag    ○ an Bord geblieben trotz Landtag

Besonderheiten zum Programm des Tages (Ausflug/Sport/Theaterbesuch/Kunst/Spa)

_____

_____

Bewertung des Tages nach klassischen Schulnoten   ○ 1  ○ 2  ○ 3  ○ 4  ○ 5  ○ 6

Einklebefläche für Tickets, Postkarten, Quittungen, Fotos uvm.

# Mein Reisetag

○ 😍　○ 🙂　○ 😐　○ ☹️

Reisetag Nr.

Datum

Heutiges Wetter　○ ☀　○ ⛅　○ ☁　○ 🌧　○ ⚡　○ ❄

Besonderheiten des Tages in ein paar Worten

Ein paar Worte zum Kulinarischen (Essen/Trinken/Besonderheiten)

○ Seetag　　○ Landtag　　○ an Bord geblieben trotz Landtag

Besonderheiten zum Programm des Tages (Ausflug/Sport/Theaterbesuch/Kunst/Spa)

Bewertung des Tages nach klassischen Schulnoten　○ 1　○ 2　○ 3　○ 4　○ 5　○ 6

Einklebefläche für Tickets, Postkarten, Quittungen, Fotos uvm.

# Mein Reisetag

○ 😍  ○ 🙂  ○ 😐  ○ ☹️

Reisetag Nr.

Datum

Heutiges Wetter    ○ ☀️   ○ ⛅   ○ ☁️   ○ 🌧️   ○ ⚡   ○ ❄️

Besonderheiten des Tages in ein paar Worten

Ein paar Worte zum Kulinarischen (Essen/Trinken/Besonderheiten)

○ Seetag     ○ Landtag     ○ an Bord geblieben trotz Landtag

Besonderheiten zum Programm des Tages (Ausflug/Sport/Theaterbesuch/Kunst/Spa)

Bewertung des Tages nach klassischen Schulnoten    ○ 1   ○ 2   ○ 3   ○ 4   ○ 5   ○ 6

Einklebefläche für Tickets, Postkarten, Quittungen, Fotos uvm.

# Mein Reisetag

○ 😍  ○ 🙂  ○ 😐  ○ ☹️

Reisetag Nr. _____

Datum _____

Heutiges Wetter   ○ ☀️   ○ ⛅   ○ ☁️   ○ 🌧️   ○ ⚡   ○ ❄️

Besonderheiten des Tages in ein paar Worten

_____

_____

Ein paar Worte zum Kulinarischen (Essen/Trinken/Besonderheiten)

_____

_____

○ Seetag    ○ Landtag    ○ an Bord geblieben trotz Landtag

Besonderheiten zum Programm des Tages (Ausflug/Sport/Theaterbesuch/Kunst/Spa)

_____

_____

Bewertung des Tages nach klassischen Schulnoten   ○ 1   ○ 2   ○ 3   ○ 4   ○ 5   ○ 6

Einklebefläche für Tickets, Postkarten, Quittungen, Fotos uvm.

# Mein Reisetag   ○ 😍   ○ 🙂   ○ 😐   ○ ☹️

Reisetag Nr.

Datum

Heutiges Wetter   ○ ☀   ○ ⛅   ○ ☁   ○ 🌧   ○ ⚡   ○ ❄

Besonderheiten des Tages in ein paar Worten

Ein paar Worte zum Kulinarischen (Essen/Trinken/Besonderheiten)

○ Seetag      ○ Landtag      ○ an Bord geblieben trotz Landtag

Besonderheiten zum Programm des Tages (Ausflug/Sport/Theaterbesuch/Kunst/Spa)

Bewertung des Tages nach klassischen Schulnoten   ○ 1   ○ 2   ○ 3   ○ 4   ○ 5   ○ 6

Einklebefläche für Tickets, Postkarten, Quittungen, Fotos uvm.

# Mein Reisetag

○ 😍   ○ 🙂   ○ 😐   ○ ☹️

Reisetag Nr.

Datum

Heutiges Wetter   ○ ☀   ○ ⛅   ○ ☁   ○ 🌧   ○ ⚡   ○ ❄

Besonderheiten des Tages in ein paar Worten

Ein paar Worte zum Kulinarischen (Essen/Trinken/Besonderheiten)

○ Seetag    ○ Landtag    ○ an Bord geblieben trotz Landtag

Besonderheiten zum Programm des Tages (Ausflug/Sport/Theaterbesuch/Kunst/Spa)

Bewertung des Tages nach klassischen Schulnoten   ○ 1   ○ 2   ○ 3   ○ 4   ○ 5   ○ 6

Einklebefläche für Tickets, Postkarten, Quittungen, Fotos uvm.

## Mein Reisetag

○ 😍   ○ 🙂   ○ 😐   ○ ☹️

Reisetag Nr.

Datum

Heutiges Wetter   ○ ☀   ○ ⛅   ○ ☁   ○ 🌧   ○ ⚡   ○ ❄

Besonderheiten des Tages in ein paar Worten

Ein paar Worte zum Kulinarischen (Essen/Trinken/Besonderheiten)

○ Seetag   ○ Landtag   ○ an Bord geblieben trotz Landtag

Besonderheiten zum Programm des Tages (Ausflug/Sport/Theaterbesuch/Kunst/Spa)

Bewertung des Tages nach klassischen Schulnoten   ○ 1   ○ 2   ○ 3   ○ 4   ○ 5   ○ 6

Einklebefläche für Tickets, Postkarten, Quittungen, Fotos uvm.

# Mein Reisetag  ○ 😍  ○ ☺  ○ 😐  ○ ☹

Reisetag Nr.

Datum

Heutiges Wetter   ○ ☀  ○ ⛅  ○ ☁  ○ 🌧  ○ ⚡  ○ ❄

Besonderheiten des Tages in ein paar Worten

Ein paar Worte zum Kulinarischen (Essen/Trinken/Besonderheiten)

○ Seetag    ○ Landtag    ○ an Bord geblieben trotz Landtag

Besonderheiten zum Programm des Tages (Ausflug/Sport/Theaterbesuch/Kunst/Spa)

Bewertung des Tages nach klassischen Schulnoten   ○ 1  ○ 2  ○ 3  ○ 4  ○ 5  ○ 6

Einklebefläche für Tickets, Postkarten, Quittungen, Fotos uvm.

## Mein Reisetag    ○ 😍   ○ 🙂   ○ 😐   ○ ☹️

Reisetag Nr.

Datum

Heutiges Wetter    ○ ☀️    ○ ⛅    ○ ☁️    ○ 🌧️    ○ ⚡    ○ ❄️

Besonderheiten des Tages in ein paar Worten

Ein paar Worte zum Kulinarischen (Essen/Trinken/Besonderheiten)

○ Seetag    ○ Landtag    ○ an Bord geblieben trotz Landtag

Besonderheiten zum Programm des Tages (Ausflug/Sport/Theaterbesuch/Kunst/Spa)

Bewertung des Tages nach klassischen Schulnoten    ○ 1  ○ 2  ○ 3  ○ 4  ○ 5  ○ 6

Einklebefläche für Tickets, Postkarten, Quittungen, Fotos uvm.

# Mein Reisetag

○ 😍  ○ 🙂  ○ 😐  ○ ☹

Reisetag Nr. _____

Datum _____

Heutiges Wetter   ○ ☀   ○ ⛅   ○ ☁   ○ 🌧   ○ ⚡   ○ ❄

Besonderheiten des Tages in ein paar Worten

_____

_____

Ein paar Worte zum Kulinarischen (Essen/Trinken/Besonderheiten)

_____

_____

○ Seetag   ○ Landtag   ○ an Bord geblieben trotz Landtag

Besonderheiten zum Programm des Tages (Ausflug/Sport/Theaterbesuch/Kunst/Spa)

_____

_____

Bewertung des Tages nach klassischen Schulnoten   ○ 1  ○ 2  ○ 3  ○ 4  ○ 5  ○ 6

Einklebefläche für Tickets, Postkarten, Quittungen, Fotos uvm.

# Mein Reisetag    ○ 😍   ○ 🙂   ○ 😐   ○ ☹️

Reisetag Nr.

Datum

Heutiges Wetter   ○ ☀️   ○ ⛅   ○ ☁️   ○ 🌧️   ○ ⚡   ○ ❄️

Besonderheiten des Tages in ein paar Worten

Ein paar Worte zum Kulinarischen (Essen/Trinken/Besonderheiten)

○ Seetag   ○ Landtag   ○ an Bord geblieben trotz Landtag

Besonderheiten zum Programm des Tages (Ausflug/Sport/Theaterbesuch/Kunst/Spa)

Bewertung des Tages nach klassischen Schulnoten   ○ 1   ○ 2   ○ 3   ○ 4   ○ 5   ○ 6

Einklebefläche für Tickets, Postkarten, Quittungen, Fotos uvm.

# Mein Reisetag

○ 😍　○ 🙂　○ 😐　○ ☹️

Reisetag Nr.

Datum

Heutiges Wetter　○ ☀️　○ ⛅　○ ☁️　○ 🌧️　○ ⚡　○ ❄️

Besonderheiten des Tages in ein paar Worten

Ein paar Worte zum Kulinarischen (Essen/Trinken/Besonderheiten)

○ Seetag　　○ Landtag　　○ an Bord geblieben trotz Landtag

Besonderheiten zum Programm des Tages (Ausflug/Sport/Theaterbesuch/Kunst/Spa)

Bewertung des Tages nach klassischen Schulnoten　○ 1　○ 2　○ 3　○ 4　○ 5　○ 6

Einklebefläche für Tickets, Postkarten, Quittungen, Fotos uvm.

57

58

59

60

63

64

65

66

67

69

70

71

72

76

84

97

Platz für Kreativität und herzverankernde Momentaufnahmen während der Kreuzfahrt

Platz für Kreativität und herzverankernde Momentaufnahmen während der Kreuzfahrt

Platz für Kreativität und herzverankernde Momentaufnahmen während der Kreuzfahrt

Platz für Kreativität und herzverankernde Momentaufnahmen während der Kreuzfahrt

Platz für Kreativität und herzverankernde Momentaufnahmen während der Kreuzfahrt

Platz für Kreativität und herzverankernde Momentaufnahmen während der Kreuzfahrt

Platz für Kreativität und herzverankernde Momentaufnahmen während der Kreuzfahrt

Platz für Kreativität und herzverankernde Momentaufnahmen während der Kreuzfahrt

Platz für Kreativität und herzverankernde Momentaufnahmen während der Kreuzfahrt

Platz für Kreativität und herzverankernde Momentaufnahmen während der Kreuzfahrt

# Unsere Empfehlung für Sie!

Der Blog mit zahlreichen Anregungen und Informationen zum Thema Kreuzfahrten und Meerreisen! Suchen auch Sie Informationen zu Kreuzfahrtschiffen und Anbietern? Den praxisnahen Tipp, welche Art von Reise jeweils am besten zu ihnen passt? Geheimtipps zu Schiffsausstattungen, Ausflügen, Events, Zusatzkosten und besonderen Angeboten? Hier bekommen Sie stetig nützliche Tipps, Impulse und natürlich auch die passenden Lieferquellen. Sie finden hier zusätzlich auch zahlreiche Portale und interessante Wissensquellen für Kreuzfahrerinnen und Kreuzfahrer. Das Blogautorenteam „Die Kreuzgefährten" betreibt diesen Blog als leidenschaftliches Hobby zum kostenfreien Ideentransfer für alle Suchenden, die Sehnsucht nach Kreuzfahrten haben und diese maritime Reiseform lieben.

Willkommen an Bord von „kreuzgefährten.de" und nun heißt es: „Anker los", „Schiff Ahoi" und „eine gute Fahrt"!

**www.kreuzgefährten.de**